ÉLOGE
DE
VOLTAIRE,
SUIVI
DE POÉSIES DIVERSES.

par M. le Chevalier de Cubières

A LA HAIE;
Et se trouve à PARIS,

Chez { GUEFFIER, Imprimeur-Libraire, rue de la Harpe;
COUTURIER, Imprimeur-Libraire, quai des Augustins.

―――――――――――
M. DCC. LXXXIII.

ÉLOGE
DE VOLTAIRE,
COMPOSÉ

PAR VOLTAIRE LUI-MÊME.

De toute fiction l'adroite fausseté
Ne tend qu'à faire aux yeux briller la vérité
BOILEAU.

SECONDE ÉDITION.

DIALOGUE

ENTRE

MADAME DE*** ET L'AUTEUR.

MADAME DE***.

ME voilà dans ma loge depuis un quart-d'heure au moins, & je ne sais pas ce qu'on doit jouer ; comment trouvez-vous cela, Monsieur ?

L'AUTEUR.

Cela me paroît tout simple, Madame : vous aimez beaucoup les Comédiens François.

MADAME DE***.

Il est vrai que je les aime beaucoup ; mais encore faut-il savoir ce qu'ils jouent. *Dancourt* ne me plaît pas autant que *Molière*, & j'aime mieux *Voltaire* que *Corneille*.

L'AUTEUR.

Eh bien ! Madame, félicitez-vous ; c'est une Pièce de Voltaire qu'on va vous donner.

---

(1) Ce Dialogue a eu lieu avant la distribution des Prix de l'Académie Françoise.

MADAME DE***.

Est-ce Zaïre, ou Mérope ?

L'AUTEUR.

Non, Madame, c'est Mahomet.

MADAME DE***.

J'en suis enchantée. Mais, à propos de Voltaire ; j'ai lu cet Eloge que vous m'avez envoyé.

L'AUTEUR.

Eh bien ! Madame, qu'en pensez-vous ?

MADAME DE***.

Je ne crois pas qu'il réussisse.

L'AUTEUR.

C'est-à-dire qu'il est mauvais.

MADAME DE***.

Je ne dis pas tout-à-fait cela. Comptez-vous l'envoyer à l'Académie pour le concours de cette année ?

L'AUTEUR.

Oui, Madame, je compte l'envoyer demain (1).

MADAME DE***.

Tant pis. L'Académie n'en parlera point.

L'AUTEUR.

Vous le croyez !

MADAME DE***.

Je vous le prédis.

---

(1) L'Auteur avoit en effet composé cette Pièce pour le concours de l'année 1779 ; des raisons particulières l'ont empêché de l'envoyer à l'Académie Françoise.

L'AUTEUR.

Et pourquoi cet Ouvrage ne plairoit-il point à l'Académie ?

MADAME DE***.

Belle question ! parce que le ton n'en est point académique.

L'AUTEUR.

Qu'est-ce qui, selon vous, constitue le ton académique ?

MADAME DE***.

C'est un style toujours noble, toujours élevé, toujours.....

L'AUTEUR.

Toujours dans les nues, n'est-ce pas ? Pour moi, j'aime à croire qu'un style vrai & naturel plaît autant à l'Académie qu'un style figuré & merveilleux ; elle l'a prouvé plus d'une fois. L'*Epître aux Poëtes* de M. Marmontel ne ressemble point à l'*Ode sur le Temps* de M. Thomas : ces deux Pièces ont été couronnées. Je compare l'une à une belle femme en habit de cour, & l'autre à une jolie femme en habit de ville ; les Amateurs font cas de toutes deux. Combien de fois avez-vous lu les Lettres de Balzac ?

MADAME DE***.

Une fois seulement.

L'AUTEUR.

Et celles de Madame de Sévigné ?

MADAME DE***.

Toutes les fois qu'elles me font tombées sous la main.

L'AUTEUR.

C'est-à-dire, souvent. D'où vient cette prédilection ?

MADAME DE***.

Elle vient de ce que Balzac a écrit pour faire des phrases ; & Madame de Sévigné, pour dire ce qu'elle sent. Madame de Sévigné cause avec moi, & Balzac a toujours l'air de vouloir me prêcher. Balzac n'a que rarement le ton de la nature, & Madame de Sévigné l'a toujours.

L'AUTEUR.

Vous croyez donc avoir raison en préférant Madame de Sévigné à Balzac ?

MADAME DE***.

Assurément.

L'AUTEUR.

Pourquoi ne voulez-vous pas que l'Académie pense comme vous ? Je lui rends plus de justice. Je crois qu'elle auroit couronné l'*Epître* (1) *à mon Jardinier*, aussi-bien que l'*Ode* (2) *à la Fortune*.

---

(1) De Boileau.
(2) De Rousseau.

Madame de***.

J'avois une fausse idée du ton académique, j'en conviens. Mais il faut, à ce que je crois, que le style d'un Ouvrage soit un. Ce qui me choque dans le vôtre, c'est ce mêlange continuel de noble & de familier; ce sont ces passages inattendus du sérieux au plaisant. Ne craignez-vous point que cette alternative ne forme une disparate désagréable ?

L'Auteur.

C'est Boileau qui va vous répondre pour moi :

Heureux qui, dans ses Vers, fait d'une voix légère
Passer du grave au doux, du plaisant au sévère !

Si M. de Voltaire n'avoit composé que sa Henriade & ses Tragédies, j'aurois, pour le louer, emprunté la trompette de Calliope ; j'aurois fait en son honneur une Ode ou un Poëme héroïque, & j'aurois tâché d'y conserver le ton académique dont vous parliez tout-à-l'heure : mais observez, Madame, que le même homme a enfanté la Henriade & la Pucelle, Mahomet & l'Ecossaise, l'Histoire de Charles XII & les Voyages de Scarmentado, l'Essai sur l'Esprit des Nations & les Questions de Zapata : le Siècle de Louis XIV & les Visions de Babouc ; observez, dis-je, que, pour peindre un homme qui avoit traité toutes sortes de sujets, il falloit prendre toutes fortes de tons, & que ce n'étoit que par des antithèses qu'on pouvoit donner une idée de ce Génie antithétique. Je compare la collection des Œuvres de Voltaire à ces jardins de Fées où l'on trouvoit des fleurs & des fruits de toutes les saisons. Je ne pouvois pas, avec les mêmes couleurs, peindre la rose & la violette. D'ailleurs, en faisant louer M. de Voltaire par lui-même, en le faisant parler, il falloit lui prêter son langage ordinaire, celui de ses Poésies fugitives ; & dans ces dernières vous trouverez toujours ce que vous me reprochez, ce ton facile & léger, qui est tantôt d'une familiarité gracieuse, & tantôt de la poésie la plus noble.

MADAME DE***.

Vous parlez de noblesse, c'est où je vous attendois : vous convenez que le style poétique demande de la noblesse.

L'AUTEUR.

Oui, Madame ; je crois même que la poésie n'est autre chose que le langage ordinaire ennobli par les expressions & les tournures qu'on leur donne.

MADAME DE***.

Cela étant, comment se peut-il que vous

ayez laiſſé dans votre Ouvrage le vers ſuivant?

On dit que maintenant Du.... (1) couche avec elle.

N'avez-vous pas ſenti combien ce mot *coucher* eſt peu noble?

L'Auteur.

M. de Voltaire avoit déjà dit dans ſa jolie Pièce intitulée *La Tactique :*

Poignardent les Maris, *couchent* avec les Dames.

Et voici ce que dit la Bruyère dans le chapitre 6 de ſes Caractères; comme j'ai beaucoup de mémoire, je vais vous citer ſes propres paroles : *Quelques femmes de la Ville ont la délicateſſe de ne pas ſavoir, ou de n'oſer dire le nom des rues, des places & de quelques endroits publics qu'elles ne croient pas aſſez nobles pour être connus. Elles diſent le Louvre, la Place Royale; mais elles uſent de tours & de phraſes, plutôt que de prononcer de certains noms ; en cela moins naturelles que les femmes de la Cour, qui, ayant beſoin dans les diſcours, des Halles, du Châtelet, & de choſes ſemblables, diſent les Halles, le Châtelet. Vous êtes à la Cour, Madame; vous y paſſez une partie de l'année; laiſſez aux femmes de la Ville leurs ridicules : ſuppoſé qu'il leur en reſte encore, pourquoi vouloir les imiter dans ce qu'elles ont de répréhenſible?*

---

(1) Ce Vers qui étoit dans la première Edition, a été corrigé dans celle-ci.

MADAME DE***.

Je ne les imite point. Dans la conversation je nomme sans scrupule *les Halles*, *le Châtelet*, & même *les Porcherons*; je dis à ma femme-de-chambre : *Donnez-moi une coëffe de nuit*; & à mon cuisinier : *Faites-moi un pâté de lièvre*. Les mots de *pâté* & de *coëffe de nuit* ne me paroissent point ignobles en parlant : mais en écrivant, & sur-tout en Vers.....

L'AUTEUR.

En écrivant, Madame, il doit en être de même. Racine, qui est l'Ecrivain le plus noble & le plus élégant que nous ayions, Racine a fait entrer dans ses Tragédies & dans ses Cantiques qui sont de véritables Odes, les mots *Chien* (1), *Bride* (2), *Sel* (3), *Pain* (4), *Froment* (5),

―――――――――――――――――――

(1) Que des *chiens* dévorans se disputoient entre eux.
          ATHALIE.
Dans son sang inhumain les *chiens* désaltérés.
             Ibid.
(2) Par la *bride* guidoit son superbe coursier.
      ESTHER, Acte II, Scène V.
(3)   Quelquefois à l'Autel
Je présente au Grand-Prêtre & l'encens & le *sel*.
          ATHALIE.
(4)   Le *pain* que je vous propose
   Sert aux Anges d'aliment,
   Dieu lui-même le compose
(5)   De la fleur de son *froment*.
         Cantiq. IV.

Plomb (1), *Mamelle* (2), *Bouc* (3), *Ours* (4), &c. Ils y sont placés adroitement, il est vrai ; l'Auteur, pour en faire oublier la bassesse, les a entourés d'expressions très-relevées & très-poétiques, où ils sont, pour ainsi dire, encadrés ; d'autres fois encore, il les a employés dans des images dont ils font partie, & voilà le secret des grands Maîtres. Ce secret étoit celui de Boileau & de Voltaire : ils ont fait usage dans leurs Vers des mots les plus familiers de la conversation, excepté cependant de ceux qui l'étoient trop à Catulle.

MADAME DE***.

Quels sont ces mots, Monsieur ?

L'AUTEUR.

Ce sont ces mots singuliers, Madame, dont ce Poëte un peu libertin se servoit fort souvent pour rendre compte de ses bonnes fortunes. Si vous voulez, je.....

---

(1) Comment en un vil *plomb* l'or pur s'est-il changé ?
ATHALIE.

(2) Cette Juive fidelle
Dont tu sais bien alors qu'il suçoit la *mamelle*.
Ibid.

(3) Ai-je besoin du sang des *boucs* & des génisses ?
Ibid.

(4) Un malheureux enfant aux *ours* abandonné.
Ibid.

MADAME DE***.

Paſſons, paſſons : ma demande eſt excuſable, je n'ai jamais lu Catulle. Il me ſemble que vous voulez élever des queſtions étrangères à notre ſujet; c'eſt ſans doute pour éviter de répondre à mes critiques : mais j'en ai bien d'autres à vous faire. Pourquoi prendre un ton malin en parlant des Comédies de Voltaire ? Avez-vous eu deſſein de les blâmer ou de les louer ? Que ſignifie ce Vers :

Je dois me ſouvenir que j'ai fait l'*Indiſcret*.

Eſt-ce une Epigramme que vous avez voulu faire ? elle eſt très-déplacée. *Nanine*, l'*Ecoſſaiſe*, l'*Enfant prodigue* ne ſont-elles pas des Comédies charmantes, Nanine ſur-tout ? Je l'ai jouée chez moi l'hiver paſſé avec un ſuccès;.... vous y étiez, je crois ?....

L'AUTEUR.

Oui, Madame, j'y étois.

MADAME DE***.

Vous avez applaudi, ce me ſemble ?

L'AUTEUR.

Beaucoup. Mais j'applaudiſſois un Drame intéreſſant, & non une bonne Comédie.

MADAME DE***.

Diſtinction puérile !

L'Auteur.

Non, Madame, ma diſtinction eſt juſte.

Madame de***.

Qu'entendez-vous par une bonne Comédie ?

L'Auteur.

Une Pièce qui me corrige en me faiſant rire. Voyez ſi cette définition eſt applicable aux Comédies de Voltaire.

Madame de***.

Je ne le crois pas ; elles font peu rire. Mais par un Drame, qu'entendez-vous ?

L'Auteur.

La repréſentation d'une action quelconque.

Madame de***.

Toute Comédie a une action, toute Comédie eſt donc un Drame ?

L'Auteur.

Oui, Madame ; mais tous les Drames ne ſont pas des Comédies.

Madame de***.

Pourquoi cela ?

L'Auteur.

Parce que tous les Drames ne ſont pas comiques, & les Comédies de Voltaire ſont de cette dernière eſpèce. Il ne faudroit cependant pas en conclure que M. de Voltaire n'avoit pas le génie comique. Je ſuis preſque convaincu que Candide, Memnon, Zadig, Babouc, l'Ingénu, peuvent être autant utiles aux mœurs, que le Tartuffe, le Misanthrope, les Femmes Savantes, les Dehors Trompeurs, &c...... La Morale n'a jamais été mise en action avec plus de charme que dans ces petits Romans. La Philosophie s'y cache sous les graces, & M. de Voltaire y a prodigué le *vis comica* qui manque à ses Comédies. On avoit déjà dit que dans *ses Tragédies il attendrissoit les humains pour les rendre meilleurs ;* je crois que dans ses Romans il les *amuse* pour arriver au même but : j'ai osé le dire, & je ne crois pas qu'on me démente. Y a-t-il dans aucune Pièce de Molière un caractère plus comique & plus moral que celui de *Memnon ?* Un homme qui forme le projet d'être sage, & qui, chaque jour, fait quelques sottises ; quel sujet de Comédie ! Si l'on pouvoit dialoguer ce Conte, on en feroit une Pièce excellente.

MADAME DE***.

Je ne conçois pas trop comment on peut être comique, sans avoir fait de Comédies.

L'AUTEUR.

Rien n'est cependant plus concevable. *Pétrone, Lucien, Rabelais, Bocace, Horace,* n'ont jamais fait de Comédies ; & cependant ils ont le génie comique,

comique, rien n'est plus certain. Leurs Ouvrages fourmillent de peintures fines & plaisantes des vices & des ridicules ; aussi Molière les a mis à contribution tant qu'il a pu. M. de Voltaire a encore fait des Dialogues à la manière de Lucien ; & il y a tel Dialogue de ce dernier qui vaut autant que la meilleure Scène de Molière.

MADAME DE***.

Il vaudroit donc mieux faire représenter *Candide*, que l'*Ecossaise* ?

L'AUTEUR.

Oui, Madame ; mais cela n'étant pas possible, il faut lire les Romans de Voltaire aussi souvent qu'on joue ses Comédies.

MADAME DE***.

Parmi les dernières, il n'en est donc point qui vous plaise ?

L'AUTEUR.

Il en est une qui m'enchante, & dont le style est d'un bout à l'autre un modèle de plaisanterie.

MADAME DE***.

Ah ! ah ! vous m'étonnez.

L'AUTEUR.

Elle est en 18, 20, 21, 24 Chants, selon les Editions. Je crois qu'elle a été mise en lumière par un certain *Dom Apuleïus Risorius*, Bénédictin.

MADAME DE***.

Je vous entends. Pourquoi n'en parlez-vous point dans votre Eloge ?

L'AUTEUR.

Boileau & la Bruyère ont déjà répondu à deux de vos questions ; c'est Voltaire lui-même qui va répondre à celle-ci :

Le secret d'ennuyer est celui de tout dire.

MADAME DE***.

Vous êtes plaisant avec vos citations ; vous croyez vous excuser par-là, mais c'est en vain. Quand on fait l'éloge d'un homme, on parle de ses chefs-d'œuvre.

L'AUTEUR.

J'ai indiqué la Comédie en 24 Chants, par ce Vers :

Arioste sourit, & ce n'est pas pour rien.

C'est tout ce que j'en ai pu dire. La Sorbonne n'aime pas cette Comédie, quoiqu'un Moine en soit l'Editeur. D'ailleurs, mon Ouvrage vous a paru long, & à moi aussi ; il vous l'auroit paru bien davantage. Il est d'autres Ouvrages de Voltaire dont je n'ai point parlé, & qui ne méritoient point ce silence. Je n'ai rien dit d'*Adélaïde du Guesclin*, de *Tancrède*, de l'*Orphelin de la Chine*, &c.... mais je n'y étois point obligé. Si j'ai bien peint le tragique en général, il étoit inutile de peindre les Tragédies en particulier. Ce n'est que dans celles-ci que j'ai pu puiser le portrait de l'autre.

MADAME DE ***.

Je n'ai plus qu'une question à vous faire : mettrez-vous votre nom à cet Ouvrage ?

L'AUTEUR.

Non, Madame, je n'y mettrai point mon nom : je ne veux plus signer que les Ouvrages que je croirai excellens ; il s'en faut de beaucoup que je sois content de celui-ci. M. de Voltaire avoit l'art d'approfondir les objets, en paroissant les effleurer ; je n'ai peut-être qu'effleuré son Eloge, en m'efforçant de l'approfondir. Je devois, en le faisant parler lui-même, m'approprier ses graces vives & légères, sa gaieté piquante & philosophique ; je n'ai peut-être imité de lui que ses défauts, sans même avoir le secret de les rendre aimables. Je ne ferai illusion à personne ; tout le monde verra que c'est moi qui parle, & non pas lui. Je suis resté d'autant plus au-dessous de mon sujet, que j'ai eu plus de prétentions à me mettre au-dessus ; & rien n'égale l'audace de mon entreprise, si ce n'est la foiblesse de l'exécution.

MADAME DE ***.

Avec cette opinion modeste que vous avez de

votre Ouvrage, je ne comprends pas pourquoi vous l'avez si bien défendu contre mes critiques.

L'AUTEUR.

Ce n'étoit pas lui que je défendois, c'étoit mon Héros; &, si vous l'avez remarqué, l'apologie du premier a été la continuation de l'Eloge du second. Je viens de vous dire en prose beaucoup de choses que je n'avois pas pu dire en vers, & les réponses que je vous ai faites ne font que le supplément de mes idées.

MADAME DE***.

Votre remarque sur les Romans de Voltaire est en effet lumineuse. Il me semble, comme à vous, qu'il y a mis tout le comique qui manque à ses Comédies. Mais, malgré tout cela, vous n'aurez point le Prix.

L'AUTEUR.

Ah! Madame, je suis loin d'y prétendre; j'ai des rivaux trop redoutables.

MADAME DE***.

Vous ne serez pas même nommé.

L'AUTEUR.

Quoi qu'il arrive, je ne me plaindrai point. Je n'ai pas le droit de.....

MADAME DE***.

Paix! la toile se lève: Brifard paroît sous l'habit de Zopire; c'est assez causer, admirons.

ELOGE
DE VOLTAIRE (1).

J'AVOIS paſſé les eaux du Fleuve redoutable,
De l'Empire des Morts barrière épouvantable;
Une Ombre me conduit dans ces boſquets charmans
Que peuplent les Héros, les Sages, les Amans,
Et je partage enfin les voluptés parfaites
Des Hôtes fortunés de ces belles retraites.
Un ſeul, quand j'y parus pour la première fois,
S'indigna de me voir arriver en ces bois.
Faut-il s'en étonner ? c'étoit l'affreux Zoïle.
Ce lâche détracteur du vieux Chantre d'Achille;
Du Tartare échappé, je ne ſais trop comment,
Etoit dans l'Eliſée entré furtivement.
Il me parle en ces mots : « C'eſt ici qu'on diſpenſe
» Aux Vertus, aux Talens leur juſte récompenſe;
» De quel droit y viens-tu ? Si l'on m'a bien inſtruit,
» Ton nom dans l'Univers a fait un peu de bruit;
» Mais ta main qu'égaroit un malheureux délire,
» A fauſſé le compas, fait diſcorder la lyre.
» Ton débile génie, en ſes divers travaux,
» Trouva toujours un maître, & ſouvent des rivaux.
» Sors donc, ſors de ces lieux que ſouille ta préſence,
» Vas revoir tes François, qui pleurent ton abſence;
» Sors, dis-je : ou mon courroux te deviendra fatal ».
   CE diſcours de Zoïle étoit un peu brutal :

---

(1) C'eſt Voltaire lui-même qui parle.

Quelques Ombres soudain me pressent de répondre
A ce Mort incivil que je pouvois confondre.
Mais en vain leur prière est un ordre pour moi ;
On ne peut se résoudre à bien parler de soi :
L'orgueil est en tous lieux un vice qu'on déteste ;
Même quand on est mort il faut être modeste.
J'allois donc, à Zoïle en esclave soumis,
Du séjour des heureux quitter les bois amis ;
Déjà je m'éloignois ; les Ombres s'en étonnent,
Elles suivent mes pas, m'arrêtent, m'environnent,
Du Palais de Pluton me ferment le chemin.
Je ne résistai plus, & répondis soudain :

PAUVRE Zoïle ! eh ! quoi, tu doutes de ma gloire !
Je vais de mes travaux te raconter l'histoire.
Racine n'étoit plus ; un veuvage éternel
Menaçoit Melpomène, & d'un deuil solemnel
Son Temple offroit par-tout l'image douloureuse :
De ses mâles attraits ma jeunesse amoureuse,
La consola bientôt ; à mes vœux, à ma foi
Melpomène se livre, & convole avec moi.
Mais une femme, helas, n'est pas long-tems fidelle,
Déjà plusieurs amans me remplacent près d'elle.

D'UN fils incestueux je retraçai d'abord
Le crime involontaire & le touchant remord.
Soudain la Motte-Houdart me prédit qu'au Parnasse
J'occuperois un jour une assez belle place.
Quoique je l'aie un peu sifflé de mon vivant,
Ce la Motte, entre nous, avoit raison souvent ;
S'il se trompoit en vers, il parloit juste en prose.

LORSQUE l'on vient de plaire, il n'est rien que l'on n'ose :

J'avois plu; j'en crus donc Monsieur la Motte-Houdart.
J'arme Hérode aussi-tôt du tragique poignard;
Et bientôt m'élevant à la grandeur Romaine,
Je peins du vieux Brutus l'ame républicaine;
Un de tes descendans ennemi des beaux vers,
Un Zoïle envieux de mes succès divers,
Se met à publier, & se plaît à redire:
« Il ne sait point aimer ». Et je donne Zaïre.
Chef-d'œuvre de tendresse, & pourtant sans amour;
Mérope est applaudie, admirée à son tour;
Et Mahomet m'élève au-dessus de moi-même.

Ne pense pas qu'ici plein d'un orgueil extrême,
D'un orgueil qui me sied peut-être en ces instans,
Rappellant le destin de mes nombreux enfans,
Je t'en fasse à loisir un méthodique éloge;
Vas louer aux François une petite loge;
Vas, tu répands ton fiel sur mes moindres écrits:
Eh bien! si tu peux voir ou Clairon, ou Vestris,
A ces Drames divers prêter leurs nobles charmes;
Pour la première fois tu verseras des larmes,
Et ton farouche cœur se laissant attendrir,
Pour la première fois cessera de haïr.
A table, quelquefois la bonne compagnie
Apprécie avec goût les efforts du Génie,
Lorsque j'étois encor de ses petits soupés,
J'ai vu des connoisseurs, même des plus hupés,
Entre ses deux rivaux placer le vieux Voltaire.
Déments-les, si tu veux; pour moi je dois me taire.
Quoique désaltéré dans le Fleuve d'oubli,
Je me souviens encor qu'un François est poli.

RACINE, difoient-ils, rappelle en tout Virgile ;
La Langue, fous fes mains, eft une molle argile,
Qui, docile à fes vœux, s'arrondit & s'étend,
Que fon goût délicat foumet à chaque inftant
A de nouvelles loix, à des formes nouvelles :
Adoré des Amans, idolâtré des Belles,
Des orages divers qui tourmentent leur cœur,
Son vers, qui réunit la grace & la vigueur,
Avec précifion retrace la peinture ;
Et fes tableaux toujours font faits d'après nature.

CORNEILLE, plus hardi, plus ami de l'écart,
Laiffe marcher fon ftyle & fa verve au hazard.
Il eft, fans le favoir, éloquent & fublime ;
Il ne met point fon vers fous le joug de la lime ;
Non : fon vers tout armé de fon cerveau jaillit ;
Corneille crée enfin, & Racine polit.

VOLTAIRE les égale : un vers tantôt facile,
Tantôt plus châtié, de fa plume docile
Tombe, & de fes rivaux fa Mufe offre par-tout
L'adreffe & l'abandon, le génie & le goût.
On l'a vu plus fouvent, d'une main raffermie,
Aux pieds mal affurés de la Philofophie
Attacher le Cothurne, & cette Déité,
Par fa bouche, aux Humains prêchant l'humanité,
Le Théâtre foumis à de nouveaux ufages,
Eft devenu l'Ecole & des Rois & des Sages ;
Melpomène en un mot, dans fes Drames vantés,
Trouvant de fes rivaux les diverfes beautés,
De leurs lauriers divers compofa fa couronne.

DANS ce triple portrait, fi ma mémoire eft bonne,

Ces Messieurs oublioient un certain Crébillon
Dont ils jugeoient les vers indignes d'Apollon ;
Je suis plus juste : Atrée, Electre, Zénobie,
Sont les mâles enfans d'un tragique génie ;
Je les relis par fois sous ces ombrages verds.
De nos Sémiramis les destins sont divers ;
Au Théâtre souvent on voit monter la mienne ;
Souvent on l'applaudit, sans trop lire la sienne.
A son Catilina brave, mais fanfaron,
On a pu préférer mon bavard Ciceron ;
Me voir avec plaisir, dans mes veilles hardies,
Recrépir après lui d'antiques Tragédies ;
Et sur ses vers empreints des coups d'un lourd manteau,
Etre enfin de l'avis de Nicolas Boileau (1).

 Ce Boileau, comme toi, n'étoit point un ignare ;
Jamais il n'admira Crébillon le barbare :
Tantôt il me l'a dit ici secrettement,
Et m'a fait sur Mérope un fort doux compliment.

 J'en suis fier & joyeux ; mais il est un suffrage
Dont je m'énorgueillis encore davantage.
Tu me crois sans génie ainsi que sans esprit :
Un seul moment encor modère ton dépit,
Et retiens, si tu peux, les torrens de ta bile.
Le Tasse que j'adore & le sage Virgile,
Ces ombres dont souvent je brigue l'entretien
Ont daigné l'autre jour me dire quelque bien
De ce fameux Poëme, où, dans sa jeune audace,
Ma Muse s'essayant à marcher sur leur trace,

---

(1) On sait que Boileau, après avoir entendu la lecture d'une Pièce de Crébillon, s'écria : *Nos Pradons étoient des soleils en comparaison de cet homme.*

Célébra de Henri les exploits belliqueux.
Je n'y fais point agir les ressorts merveilleux
De la machine antique, invisible chimère
Qu'Hésiode inventa pour la gloire d'Homère.
On ne voit point chez moi de vieux Roi Latinus,
Incessamment flotter entre Enée & Turnus.
On n'y voit point non plus tous ces combats étranges
Des Dieux & des Mortels, des Diables & des Anges.
J'ai choisi, créateur d'un nouvel Hélicon,
Un seul Dieu pour agent, le Vrai pour Apollon;
Et des graves atours de la Philosophie
Ma Muse est revêtue, & peut-être embellie.
Le calme sur le front, mon Héros courageux
Marche tranquillement sous un Ciel orageux :
D'un Parlement de Dieux les Chambres assemblées,
N'enflent point de mes Vers les rimes redoublées
Pour régler ses destins, & lui donner des loix.
Henri ne doit qu'à lui ses vertus, ses exploits;
Il plaît sans talismans, triomphe sans miracles,
Et la voix de l'honneur lui tient lieu des Oracles.
Philosophe guerrier, pacifique soldat,
De la paix amoureux, sans craindre le combat,
Tranquille à ses côtés, toujours grand, toujours sage,
Mornay tirant l'épée au milieu du carnage,
Pour repousser la mort, & non pour la donner,
Est moins prompt à punir encor qu'à pardonner,
Voilà de ces Héros dignes qu'on les révère;
Telles sont les beautés, dont le charme sévère
A peut-être séduit Virgile & Torquato :
Peut-être que tous deux préfèrent *in petto*
D'utiles vérités à de stériles fables,
Et mes sages leçons à leurs rêves aimables.

Rien n'est beau, rien n'est grand que par la vérité;
Elle seule en tout tems fut ma Divinité :
Je hais le merveilleux qui n'est pas vraisemblable;
De la trahir peut-être on m'a jugé capable.
Eh bien ! porte avec moi tes regards éblouis
Sur le Siècle brillant du plus grand des LOUIS;
Il m'a toujours semblé que dans ces tems célèbres,
On avoit mis l'Histoire en Oraisons funèbres
Aux Princes, aux Héros on prodiguoit l'encens;
Et les Historiens, un peu trop courtisans,
N'avoient point hérité des pinceaux de Tacite;
Les Strada, les Maimbourg, & d'autres que l'on cite,
A force de tout dire, empêchoient de penser.
Avoient-ils un combat, un siège à retracer?
Nul fait n'étoit omis; & ce long Répertoire
Etoit une Gazette & non pas une Histoire.
Ah ! ce n'est pas ainsi que l'on peint les Héros :
J'ai de leurs grands exploits tracé de grands tableaux.
Charles, Pierre, Louis, aux Nations futures,
Seront transmis vivans dans mes larges peintures;
Oui, sans m'appesantir à détailler leurs traits,
Ma plume impartiale en finit les portraits.
Les Tyrans à leur solde ont des plumes vénales :
Quand la mienne du Monde écrivit les Annales,
Sans égard pour les rangs, sans égard pour les noms,
Je distinguai toujours les Titus des Nérons.
C'est-là que je montrai l'opinion volage
Gouvernant l'Univers du haut de son nuage,
Tyrannisant le Peuple & régnant sur les Rois;
C'est-là que des Humains j'ai défendu les droits,
Ces nobles droits qu'usurpe un Tyran exécrable,
Quand l'innocent par lui meurt avec le coupable;

C'est-là que j'ai surpris les Talens au berceau ;
Que j'ai vu par degrés s'allumer leur flambeau ;
C'est-là que j'ai sur-tout prêché la tolérance ;
Et grace à mes efforts, ce fils de l'ignorance,
Ce despote sacré, colosse ambitieux,
Qui cache avec orgueil sa tête dans les Cieux,
Dont l'autel s'élevoit sur les débris des Trônes,
Qui d'un pied dédaigneux marchoit sur les Couronnes,
Le Fanatisme enfin, contraint de se cacher,
N'ose plus allumer ni torche, ni bûcher :
Galilée à présent, sans craindre aucuns désastres,
Dans le centre des Cieux fixe le Roi des Astres ;
Mes chers concitoyens, Philosophes charmans,
Ne s'entr'égorgent plus pour de vains argumens ;
On brûle moins de gens à Madrid, à Lisbonne ;
Et l'humanité sainte habite la Sorbonne.

L'AIGLE brillant de Meaux a peint quelques Etats
L'un sur l'autre tombant, croulant avec fracas ;
J'admire ses efforts : mais ce mâle Génie
Devoit-il donc borner sa carrière infinie ?
Sur le Peuple fameux par Moïse adopté,
Son éloquent pinceau semble s'être arrêté.
Plus hardi, je parcours tous les lieux, tous les âges ;
Le Peuple qui du *Tien* (1) adore les images,
Celui qui d'Oromase encense les autels ;
Des usages nouveaux & de nouveaux Mortels,
Voilà ce que j'ai peint : sous ma plume féconde,
Un Essai sur les mœurs est l'Histoire du Monde.
Tel jadis Archimède, en un brillant faisceau,
Assembla tous les feux du céleste flambeau.

---

(1) Le Chinois.

Tacite fut pourtant mon vainqueur & mon maître ;
Et ta bouche s'ouvroit pour le dire peut-être....
Laisse jaser ma Muse encor quelques momens :
Ecoute : as-tu bien lu tous mes petits Romans ?
C'est-là, c'est-là sur-tout que, Moraliste habile,
Je fais marcher de front l'agréable & l'utile,
Et qu'ornant mes leçons de riantes couleurs,
J'amuse les Humains pour les rendre meilleurs.
Les Humains n'aiment point un Précepteur sévère :
C'est-là qu'adroitement j'étends aux bords du verre
Le miel qui pouvoit seul, par ses sucs bienfaisans,
De leurs vieilles erreurs guérir ces vieux enfans.

Je ne te parle point de mille bagatatelles
Que le temps, chaque jour, emporte sur ses aîles,
De mille petits vers, ouvrages du moment,
Où règnent la raison, le goût, le sentiment ;
Pourquoi les arrêter dans leur fuite rapide ?
Si j'allois, de ces vers louangeur intrépide,
Donner un bel éloge à chaque joli rien,
Je serois mon Flatteur, non mon Historien.
Ces fruits de mes loisirs & non pas de mes veilles,
Tels que certains Sonnets, difficiles merveilles,
N'offrent point les beautés d'un Poëme complet ;
Mais peut-être ils ont tout, puisqu'ils ont ce qui plaît :
L'Art ne les dicta point ; enfans de la Nature,
Leur charme le plus doux est d'être sans parure.

Je ne te parle point du passager amour,
Que Thalie en mon cœur fit éclorre à son tour ;
Elle n'a pas toujours rejetté mes fleurettes ;
J'en ai même reçu quelques faveurs secrettes ;

Mais en fidèle Amant je garde le tacet,
Je dois me souvenir que j'ai fait l'*Indiscret*.

As-tu vu quelquefois du milieu de son aire
L'Aigle altier s'élancer au séjour du Tonnerre,
Se perdre, s'égarer sous la voûte des Cieux ?
As-tu vu quelquefois en de champêtres lieux
S'élancer l'hirondelle, & d'une aîle rapide
Raser l'humble gazon, raser l'onde limpide ?
Ainsi j'ai l'art heureux, dans mes écrits divers
D'imiter tour-à-tour ces habitans des airs :
Je monte avec fierté, je m'abaisse avec grace ;
Je réunis Sophocle, Anacréon, Horace,
Horace qui pénètre où s'assemblent les Dieux ;
Et plus semblable encor à l'Astre radieux
Dont les regards au loin chassent la nuit obscure,
Flambeau des Arts, Soleil de la Littérature,
Toujours plein de clarté, de chaleur & de goût,
Dans le Monde savant je brille & suis par-tout.

Par de rares talens suffit-il d'être illustre ?
Non : la seule Vertu donne à l'Homme un vrai lustre.
Beaucoup de Beaux-Esprits que j'ai vus depuis peu,
Ont des velléités de ne pas croire en Dieu.
Pour moi j'y crus toujours ; sur la Sphère étoilée,
Trône immense où s'assied sa Majesté voilée,
Toujours avec respect j'ai porté mes regards,
Et vu ses traits empreints dans les Mondes épars,
Qu'aux marches de son Trône une chaîne balance.
Lucrèce réunit la force & l'élégance ;
Mais Polignac (1), en Vers aussi beaux que les siens,
Célébra de mon tems des dogmes plus chrétiens ;

---

(1) Le Cardinal de Polignac, Auteur de l'Anti-Lucrèce.

C'est lui que je préfère, & c'est avec ce Sage
Que j'ai fait, comme on fait, un aimable voyage
Devers ce joli Temple (1), agréable séjour,
Dont nous avons fermé la porte à double tour.

N'AI-JE pas prévenu les funestes ravages
D'une Hydre (2), qui du Styx va peuplant les rivages
De mères & de fils, d'épouses & d'époux,
En tous lieux, à tout âge, expirant sous ses coups ?
Que sais-je ? du cizeau des trois Sœurs infernales,
J'ai peut-être sauvé ces trois Têtes royales,
Ces Frères vertueux, l'un de l'autre charmés,
Qui s'aimeront toujours autant qu'ils sont aimés.

J'AI dit aux Souverains qui montoient sur le Trône :
« Rois, n'ouvrez point l'oreille au Flatteur qui vous prône :
» Soyez justes, aimez les Loix & vos Sujets ».
Aux Ministres d'un Dieu de clémence & de paix :
« Messieurs, par la douceur convertissez les ames ;
» Ne vous hâtez point trop de condamner aux flammes
» De très-honnêtes gens, parce qu'ils sont Payens ».
J'ai dit aux Etrangers, à mes Concitoyens :
« Mes frères, mes amis, ne faites point la guerre ;
» Vivez chacun en paix sur votre coin de terre,
« Vous serez plus heureux ». J'ai parlé vainement :
Ils s'égorgent peut-être en ce fatal moment.
Indigné des affronts faits aux Dieux du Parnasse,
J'ai châtié souvent tes pareils avec grace ;
Est-ce un crime si grand ? Mes légers aiguillons
Ont défendu l'abeille en perçant les frelons.

---

(1) Le Temple du Goût.
(2) M. de Voltaire est un des premiers qui ait écrit en France en faveur de l'Inoculation.

Quand la mort eſt venue étendre ſur ma tête
Sa redoutable faulx, ſa faulx que rien n'arrête,
J'allois venger Lally d'un injuſte trépas.
Que n'ai-je auſſi point fait pour le pauvre Calas?
J'ai nourri, ſoutenu d'indigentes familles,
Fait bâtir une égliſe, & marié des filles.
S'il faut s'en rapporter à quelques gens de bien,
Je ſuis damné pourtant;... tu vois qu'il n'en eſt rien.
Plus clément qu'on ne croit, le Ciel permet qu'on penſe:
Des Juſtes, tu le vois, la juſte récompenſe
Eſt mon noble partage en ce bois fortuné;
Et content, je pardonne à ceux qui m'ont damné.

  On ſourit à ces mots, & j'ai tout lieu de croire
Que mon ſage diſcours ſatisfit l'Auditoire.
Déjà, pour répliquer, mon Critique envieux
Ouvroit ſa bouche torſe, & ſes livides yeux
Etinceloient déjà d'une rage impuiſſante.
Un long fouet à la main, Alecton ſe préſente.
Zoïle, à ſon inſçu, de l'antre des Méchans
Venoit de s'échapper: à grands coups de ſerpens,
Elle le fait rentrer dans ſa priſon profonde,
Et purge le verger de ſon aſpect immonde;
Et moi, je fus conduit, par l'ordre de Pluton,
Sous le toît verdoyant d'un champêtre ſallon,
Où les chiffres divers de guirlandes unies
Faiſoient lire ces mots: *Au boſquet des Génies*.
Saiſi d'un ſaint reſpect, je ſalue à l'inſtant.
Mon conducteur me dit: *Avance, l'on t'attend*.
Au milieu s'élevoit un trône de fougère,
Siège qu'on deſtinoit à mon ombre légère.
J'y fus entre Corneille & Racine placé;
Leur laurier poétique au mien eſt enlacé.

                              L'Auteur

L'Auteur de Bajazet, qu'on aime & qu'on admire,
A les yeux attachés sur ma tendre Zaïre.
Corneille lit Brutus. Le grave Despréaux,
Non loin de nous assis, tient mes Discours moraux ;
Je crois qu'il les compare à ses belles Epîtres,
Et qu'à son indulgence il leur trouve des titres.
Pope, en me voyant-là, juge que tout est bien.
Arioste sourit, & ce n'est pas pour rien.
Anacréon, plus loin, décoiffe une bouteille,
Et boit à ma santé, sous l'ombre d'une treille.
Des *Contes de Vadé*, qu'il loue ingénument,
La Fontaine à Vadé veut faire compliment ;
Ses yeux cherchent par-tout cet Ecrivain sublime.
Mais qu'entends-je ? Boileau, mon Juge légitime,
Vient tout-à-coup sur moi de porter son Arrêt.
Je rougirai long-tems d'un aussi beau portrait,
Et mon Ami C** doutera qu'il ressemble :
« Tous les esprits divers, son esprit les rassemble ».

ENVOI
A L'ACADÉMIE FRANÇAISE.

Honneur soit aux Quarante, & sur-tout à Mercure.
J'ai su par ce Courier de la Littérature,
Dont ici nous lisons le léger bulletin,
Que dans le mois d'Auguste, au Louvre, l'an prochain
Vous deviez couronner une hymne à ma mémoire.
Vous savez qu'en tout temps j'idolâtrai la gloire ;

A ce noble concours je devois avoir part.
L'ingénieux Marot, & le fameux Ronsard,
Et mille autres encore, à l'exemple d'Horace,
Se sont loués jadis avec beaucoup de grace.
Malherbe nous a dit, dans un sonnet charmant :
Ce que Malherbe fait dure éternellement.
Ces Messieurs ont du bon ; mais chacun sait de reste,
Que se louer vivant c'est être peu modeste.
Vous ne me ferez point de reproche pareil.
Depuis assez long-temps de mon dernier soleil
J'ai vu l'éclat s'éteindre ; & j'ai pu me permettre,
Sans alarmer l'Envie & sans me compromettre,
De dire un peu de bien de mes vers & de moi.
Vous qui de me juger avez le noble emploi,
Si l'on a couronné ma Muse octogénaire,
Faites-le moi savoir le prochain Ordinaire :
Elle a jasé long-temps, trop tard je l'apperçoi ;
On est un peu bavard quand on parle de soi.

Aux Champs Elisées, le 30 Auguste 1778.

POÉSIES DIVERSES.

ÉPITRE (1)

A HYGIE, DÉESSE DE LA SANTÉ.

Compagne & sœur de la jeunesse,
Toi, qu'au sein de la volupté,
Des plaisirs & de la mollesse,
On perd souvent avec gaieté,
Et que l'on regrette sans cesse ;
Toi, qui du pauvre es la richesse,
Hygie, aimable Déité,
Fille du grand Dieu d'Epidaure,
Pourquoi de tes heureux présens
Priver, à la fleur de ses ans,
Une Princesse (2) qu'on adore ?
Lorsqu'il n'est rien que notre cœur
Ne revère & n'admire en elle,
Pour lui refuser ta faveur,
Qu'a-t-elle fait ? Réponds, cruelle.

---

(1) Cette Epitre a été insérée dans le Journal de Paris, le 27 Janvier de l'année 1782.

(2) Madame la Comtesse d'Artois venoit d'essuyer une grande maladie.

Avec quelle tendre bonté
Elle foulage l'indigence !
Et du rang & de la puiffance
Tempère l'éclat redouté !
Elle a cette affabilité,
Emule de la bienfaifance,
Par qui même, fans qu'elle y penfe,
Un nouveau prix eft ajouté
A tous les dons qu'elle difpenfe.
Telle eft Thérèfe trait pour trait;
Je n'ai point flatté mon modèle,
Et tant de vertu méritoit
Que tu lui fuffes plus fidèle.

Dieux, quels dangers elle a courus
Tant qu'a duré ta longue abfence !
Que de maux hélas ! non prévus,
Ont attaqué fon exiftence !
Elle alloit périr de langueur,
Semblable à la nouvelle fleur
Que bat le fouffle de Borée,
Et qui fans force & fans couleur
Voit fous le poids de la chaleur
Succomber fa tige altérée....

C'eft aux foins d'un Epoux chéri
Que l'on doit fa convalefcence ;
Quand l'ame eft heureufe, je penfe
Que le corps eft bien-tôt guéri.
Santé, Déeffe trop volage,
Comble notre félicité,
Et par ton retour fouhaité
De l'Hymen achève l'ouvrage,

Avec ton cortège enchanteur
Les Amours, les Jeux & les Graces;
Reviens calmer notre terreur
Et de Thérèse orner les traces;
Reviens, au chevet de son lit,
Vis-à-vis de l'Epoux qui l'aime,
Et qui tendrement lui sourit,
Reviens te placer en troisième.

Tu m'exauces; du haut des Cieux,
Sur un nuage radieux,
Versaille enfin te voit descendre,
Et ton baume délicieux
Déjà commence à s'y répandre,
Thérèse vit encor pour nous;
Sa force renaît et s'augmente,
A son tour, de l'air le plus doux,
Soulevant sa tête charmante,
Elle sourit à son Epoux.
De Horne, Audirac, la Bordère,
De Pluton bravant le courroux,
Espèrent bientôt à ses coups
Ravir celle qui nous est chère.
Morphée autour de ses rideaux,
Versant par degrés ses pavots
A fait au loin fuir l'insomnie;
Et tout à notre ame attendrie
Annonce la fin de ses maux.
A l'instant même qu'il commence,
L'Hiver n'est pas loin de finir;
Pas à pas le Printems s'avance
Porté sur l'aîle du Zéphir;

Dans les rians bosquets de Flore
Thérèse encor pourra cueillir
La jeune fleur prête d'éclore,
Et par un Peuple qui l'adore,
Aux rives de la Seine encore
Elle ira s'entendre bénir.

Divinité, que je rappelle,
Tu ne m'es pas toujours fidelle,
Tu m'échappes de tems en tems;
Moi-même en de certains instans
J'éprouve une langueur mortelle.
Avec les jours de mon printems,
Dusses-tu fuir à tire d'aîle,
Pour moi seulement sois cruelle :
Je consens à ne plus te voir,
Si pour Thérèse moins rebelle
Et prompte à remplir notre espoir,
Tu restes à jamais près d'elle.

A M. L'ABBÉ DELILLE,

Qui venoit de m'envoyer son Poëme des Jardins.

Aux autels des Dieux bienfaisans,
Jadis on suspendoit de champêtres guirlandes :
O combien je vous dois de semblables offrandes
  Pour vos vers doux & séduisans !
  O combien je vous dois !... Que dis-je !
Virgile eut le projet de chanter les Jardins :
Il les chanta peut-être, & peut-être en vos mains
  Du Poëme, antique prodige,
Le sort a fait passer les restes clandestins.
  Du Théocrite des Romains
 N'avez-vous pas le génie & le style ?
Même feu, même verve animent vos leçons ;
 Et si j'en crois mes très-justes soupçons,
Vous n'avez point cessé de traduire Virgile.

ÉPITRE AU VAUDEVILLE.

Fils aimable de la gaîté,
Cher & gracieux Vaudeville,
Paris, ce féjour enchanté,
Redevient donc ton domicile!
Salut, joie & profpérité!
Au Français tu dois la naiffance,
Comme lui, malin, indifcret (1),
Vif, léger, ami de la danfe,
Vous vous reffemblez trait pour trait.
Il eft encore, il eft en France,
Des ridicules, des travers,
Plus dangereux que l'on ne penfe,
Peins-nous les dans tes petits vers.

Pour des Sultanes de Théâtre,
Gaiement on fe ruine encor,
Des Midas, plus vils que leur or,
Exigent qu'on les idolâtre.
La mode eft notre Déité;
Liés de fes chaînes légères,
Nous n'avons que fa volonté,
Et nous traitons en étrangères
La raifon & la vérité.
Sur les rives Aganippides
Il eft encor des impofteurs,
De lâches calomniateurs,
Qui, guidés par les Euménides,

---
(1) C'eft le nom que lui donna Boileau. *Art. Poét.*

De leur fiel fouillent les neuf sœurs;
Et qui de leurs langues perfides
Enfoncent les dards homicides,
Même au fein de leurs Bienfaiteurs.

   Ces monftres font de tous les âges;
Mais nous avons des perfonnages
Coupables de moindres forfaits,
Du monde ufurpant les hommages;
Et qui n'en troublent point la paix:
Le goût, les talens, tout fuccombe.
Que de grands hommes fous la tombe
Qui n'auroient dû mourir jamais!
Le Permeffe, en proie aux orages,
Ne voit croître fur fes rivages
Que des chardons ou des cyprès.
Pour réparer cette difette,
Par qui le Pinde eft aux abois,
N'eft-il pas tel & tel Poëte
Qui dans chaque feuille du mois
Se fait, par fa Mufe difcrete,
Déifier en tapinois;
Et qui, fous l'abri tutélaire
De ce manège clandeftin,
Se coîffe de fa propre main,
Des cent couronnes de Voltaire?

   Toi, dont le Sage & d'Orneval
Renouvellèrent la faillie,
Arme-toi, fuccède à Thalie,
Ofe devenir fon rival.
Hélas! maintenant fur la fcène
Elle eft foumife à d'autres loix;

Et par le tragique Bourgeois
Laissant envahir son domaine,
Vêtue en long habit de deuil,
Elle s'agite, se démène,
Et le glaive au poing se promène
Autour d'un lugubre cercueil
Qu'elle dispute à Melpomène.

Arme-toi, saisis tes pinceaux,
Et viens, d'une main aguerrie,
Sur les méchans & sur les sots
Décocher ton artillerie :
Mais ne souille point tes portraits
Par ces rébus à doubles faces,
Qui font baisser les yeux aux Graces,
Et deshonorent tes couplets.
Laisse aux Léandres des parades
Toutes ces équivoques fades
Dont s'amusent tant nos Laïs :
De ces Dames les cœurs flétris
N'attachent vraiment quelque prix
Qu'au rire né de la licence.
Point de volupté sans décence,
Vaudeville, c'est mon avis ;
La Divinité que j'encense
N'est point celle de Sibaris :
Les plaisirs purs de l'innocence
De remords ne sont point suivis ;
Voilà ceux dont je suis épris,
Et je t'en fais la confidence,
J'ai des mœurs, même dans Paris.

ÉPITRE

A M. DUSAULX, Traducteur de Juvénal.

Pour rendre en vers heureux les beaux vers de Virgile ;
Qu'un autre, s'il le peut, l'emporte sur Delille ;
Qu'ils soient latins, français, j'adore les beaux vers.
    J'aime cet art qui sçait nous reproduire
Des Grecs & des Romains les chefs-d'œuvre divers ;
Mais je prétends sur-tout qu'en ce siècle pervers,
    C'est Juvenal qu'il faut traduire.
De son style âpre et fier les tours audacieux,
Son zèle pour les mœurs saintement furieux,
Doivent à votre plume énergique & fidelle
Une vie, & sur-tout une force nouvelle ;
Tel aux bords de la Seine un pompeux oranger,
    Venu des plus charmans rivages,
S'étonne de fleurir sous un Ciel étranger
    Que voilent de sombres nuages.
    Dans notre cher pays natal
Du flatteur de Mécène on prise fort la grace :
Vous l'estimez aussi, vous pensez qu'au Parnasse
Il a mille rivaux, & qu'il n'a point d'égal :
Soyons vrais cependant, tout iroit-il plus mal,
Si nos Lettrés nombreux, à l'esprit fin d'Horace
Joignoient, ainsi que vous, l'ame de Juvénal ?
    Si des sots amans de la rime
Laissant dormir en paix le ridicule essaim,
Ils osoient plus souvent, au nom du genre humain,

Plaider les intérêts du foible qu'on opprime?
S'ils venoient, leur foudre à la main,
Jusques dans ses Palais faire trembler le crime?
Nous avons nos *Cluviénus*;
Qu'ils soient pour la petite guerre,
J'y consens; mais nos *Crispinus*
Doivent tomber fumans sous les coups du tonnerre?
Sommes-nous donc si riches en vertus?
A Paris, de même qu'à Rome,
N'est-ce point sur l'habit que l'on juge de l'homme?
Un Grand, au bord du Tibre, avoit-il des flatteurs
Plus insidieux que les nôtres?
Le luxe, plus d'adorateurs,
Et l'Athéisme plus d'Apôtres?
Monstres de luxure & d'orgueil,
Les *Saufeïa*, les *Thimeles*,
Pour le malheur de Rome, hélas! furent trop belles;
Mais celles qu'on nous peint sous le nom de Merteuil (1),
Est-ce chez les Romains qu'on en prit les modèles?
Que vois-je tout à coup? sur de l'or en monceaux
Un spectre à l'œil cave, au front morne
Assis & calculant sous de pâles flambeaux!....
C'est le démon du jeu : sa fureur est sans borne
Fuyons. Ce Dieu cruel dont vos larges (2) pinceaux
Nous ont si bien tracé l'épouvantable image,
Dans Paris, malgré vos tableaux,
N'a-t-il pas encor notre hommage?

---

(1) C'est le nom d'un personnage du Roman des Liaisons dangereuses.

(2) M. Dufaulx est auteur d'un excellent Ouvrage sur la passion du jeu.

Mais que fais-je ? De Juvénal
Voudrois-je imiter la furie,
Et citer à mon tribunal
Tous les fléaux de la patrie ?...
Taisons-nous, & suivons de vertueux penchans,
Si nous les avons en partage ;
La conduite de l'homme sage
Est la satire des méchans.

THALIE (1)

Aux Comédiens Français, au sujet de leur nouvelle Salle.

Ecoutez, Messieurs les Acteurs,
Ecoutez ma plainte folâtre :
Lorsque vous changez de Théâtre
Ne pourriez-vous changer d'Auteurs ?
Melpomène, ma sœur altière
Peut encor descendre chez vous :
La Harpe, Ducis, & le Mierre,
Lui rendent des soins assez doux ;
Mais comment y suis-je traitée ?
Jadis on y suivoit ma loi,
Et maintenant, ah ! je le voi,
A peine y suis-je regrettée,
A peine y songe-t-on à moi.
Du lamentable la Chaussée

---

(1) Cette Pièce a paru dans le Journal de Paris, le jour de l'ouverture du nouveau Théâtre Français.

Les lamentables successeurs,
De mes Etats m'ont expulsée,
Et noyé mes ris dans les pleurs.
Quoique veuve encore & jolie,
D'un voile de mélancolie
Par eux mon front est revêtu :
Hélas ! dans ma juste furie,
Faudra-t-il que je me marie
Avec Boniface Pointu ?

VERS

Sur la dernière exposition des Tableaux au Sallon du Louvre.

OU suis-je ! Quel spectacle à mes yeux se déploye ?
   D'où viennent ces enfans de Mars ?
Quel est ce Roi ? Ce camp ? Et de la vieille Troye
Quelle main en ces lieux éleva les remparts ?
Est-ce une illusion ? Un songe ? Une chimère ?
Je vois les demi-Dieux qu'a célébrés Homère ;
   Je vois cent prodiges épars
Qu'avec ravissement tout un peuple contemple.
Vous, qui charmez le cœur, ainsi que les regards,
Ah ! je vous reconnois, je suis dans votre temple,
   Je suis dans le Temple des Arts.
Beaux-Arts, je vous salue, & vous, nouveaux Appelles;
Modernes Phidias, dont les talens divers
Sur des blocs animés, sur des toiles fidelles,
   Nous reproduisent l'univers ;

Evoquez des tombeaux les grands hommes, les belles;
Ils font dignes de vivre une feconde fois;
  Mais rendez fur-tout immortelles,
  Les grandes actions des Rois.
Mes vœux font exaucés, des peuples Suédois
  Guftave s'eft nommé le père,
  Et déjà (1) je les apperçois
Profternés à fes pieds bénir fon joug profpère.
De Voltaire pour moi que la vue a d'attraits!
A peine dans la tombe il venoit de defcendre
  Mes larmes ont baigné fa cendre.
Le voilà, c'eft lui-même, oui, tels furent fes traits:
  Aux plus grands honneurs déformais
  S'il n'avoit pas droit de prétendre,
Il revivroit ici, pour ne mourir jamais.
Qu'apperçois-je plus loin? ce Sage qui médite
  A le voir de plus près m'invite.
  Dieu! c'eft l'aigle de Port-Royal,
  Le fublime et fombre Pafcal.
Mortels, faites filence, oui, tout vous le commande;
  Admirez-le, mais fans parler:
  Oui, craignez qu'il ne vous entende,
Ou perdez les fecrets qu'il doit vous révéler.
Mais quel eft ce vieillard que ce grouppe environne?
Un Monarque, pour lui, defcendu de fon trône
Le fixe avec bonté, le foutient dans fes bras.
  Approchons.... ce vifage blême....
Ces traits défigurés... Ne me trompé-je pas?...
Leonard de Vinci, des portes du trépas
Seroit-il revenu pour fe peindre lui-même?

---

(1) Allufion aux efquiffes d'un tableau projetté, qui fe trouve fous le N°. 53.

Quel feu! quelle noblesse & quelle vérité!
  C'est lui, dont la touche peut-être...
Non, non, dans ce tableau dont je suis enchanté,
L'élève, en le peignant, vient d'égaler son maître.
Des talens & des arts inquiets détracteurs,
Vantez-nous à présent les Romaines Ecoles,
Soyez à nos dépens de vils adulateurs,
Et trouvez-nous légers, impatiens, frivoles.
Nous le sommes sans doute, oui, tels sont nos défauts:
Mais soyons vrais aussi, que serviroit de feindre?
Ainsi que les Romains nous avons nos héros,
Et nous sçavons comme eux les chanter & les peindre.
Et vous d'Angiviller, esprit sage & profond,
Vous qu'à la Cour on aime autant qu'au double mont;
Voulez-vous des talens protecteur noble & juste,
Rendre à ces Orphelins leur antique splendeur?
Et moderne Mécène, aux jours d'un autre Auguste
Des beaux siècles de Rome imprimer la grandeur?
Des enfans de Minerve encouragez l'ardeur,
  Le Français que l'on encourage
Aux plus rudes travaux est prompt à se plier;
Les mortels étonnés contemploient son ouvrage:
Et l'ouvrage à la fin étonne l'Ouvrier.

A L'AUTEUR

D'un Ouvrage de Métaphysique lumineux, mais mal écrit.

AMI très-cher, vous tenez le flambeau
Qui dans vos mains vainqueur de l'impofture,
Et diffipant la nuit de la nature,
Vous peut ouvrir l'étroit chemin du beau.
Ce n'eft là tout. Pour fauver du tombeau
Un long difcours fur l'effence des chofes,
Il faut encor que des fleurs demi-clofes,
Couvrent un peu la maigre nudité
De ces grands mots & d'effets & de caufes.
Voyez Vénus : cette Divinité,
Avec des fleurs relève fa beauté :
Je penfe moi, qu'une écharpe de rofes
N'iroit point mal, même à la Vérité.

A UN ABBÉ JOURNALISTE.

L'HISTORIEN de la nature,
L'éloquent & fage Buffon,
Venoit d'achever la peinture
Du monde dont le grand Newton
Nous a dévoilé la ftructure,
De ce monde, où l'homme, dit-on,
Si fier & si vain de fon être,

Aux regards du souverain Maître
N'est pas plus que l'humble ciron.
Indigné des élans sublimes
De ce Philosophe orateur,
Qui du Ciel sonde la hauteur
Et les mystérieux abymes,
Où se cache le Créateur,
Dans vos pamphlets périodiques
Contre lui vous avez tonné :
Du Pinde les neuf sœurs pudiques
L'ont vainement environné
De leurs égides pacifiques ;
Malgré d'aussi puissans remparts,
Vous avez cru le mettre en poudre,
Persuadé que vos pétards
Auroient la vertu de la foudre.

 Maintenant moins audacieux
Jusqu'à moi vous daignez descendre :
Vous laissez l'Aigle dans les Cieux
Et voulez me réduire en cendre.
Hélas ! de mes écrits divers
Connoissant la foiblesse extrême,
Et de ma prose & de mes vers,
Souvent peu satisfait moi-même,
J'ai le front humblement courbé
Sous le redoutable anathême
Que me lance Monsieur l'Abbé,
Des lettres Pontife suprême.

 Mais l'ami que j'ai célébré
Celui qui me servit de guide
Et que les Graces ont pleuré
Comme le successeur d'Ovide,

Pourquoi l'attaquant sans pitié
Jusques dans le Royaume sombre
Brifer l'autel que l'amitié
Venoit d'élever à son ombre?
Hélas! ce fut donc vainement
Qu'en proie à des regrets sincères,
De quelques roses éphémères
Ma Muse orna son monument,
Et qu'aux sons de mon luth débile
Et par mes larmes détendu,
Le malheureux est descendu
Au tombeau son dernier asile.

Deux fois le père des Saisons
A fait renaître les gazons
Qui verdissent loin de la ville,
Depuis que par la mort frappé
Dorat d'ombres enveloppé
Goûte un repos doux & tranquille;
Et vous venez en ces instans
Remuer sa cendre paisible (1),
Et sans respect pour les talens
Forcer l'enceinte inaccessible,
Où, contre l'ire des méchans
Se retranche l'ombre invisible
D'un Poëte dont les accens
Charment encor le cœur sensible
Et des Belles et des Amans!
L'envie en sa rage cruelle,
Ne déchire que les vivans:

---

(1) Voyez le Journal de MONSIEUR, N°. 25, de l'année 1781.

On ne voit guère ſes ſerpens
S'attacher aux mânes errans
Autour de la ſombre nacelle ;
Admirez-vous, il en eſt tems,
Vous avez été plus loin qu'elle.

L'heureux talent ! le doux métier !
C'eſt dans votre prochain cahier
Qu'en l'honneur du goût & des lettres
Vous devez bien me rudoyer :
Pour ma proſe point de quartier,
Point de grace à mes hexamètres ;
Oui, j'implore votre courroux.
Le peintre du Célibataire,
Dont le ſouvenir m'eſt ſi doux,
Bailli, d'Alembert, & Voltaire,
N'ont-ils pas reſſenti vos coups ?
Le panégyriſte ſenſible
De *Suger*, & de *Montauſier*,
A-t-il garanti ſon laurier
De votre emportement riſible ?
Faites-moi ſubir les deſtins
De ces maîtres dans l'art d'écrire ;
Vos extraits que l'on croit malins
M'honoreront, loin de me nuire.

Des Muſes noble défenſeur,
Allons, armez-vous pour ces Dames,
Aiguiſez deux mille Epigrammes
Qui puiſſent me percer le cœur,
Faites ouvrir le champ d'honneur ;
Attaquez-y mes opuſcules,
Et venez la lance à la main,

Cuirassé de fer & d'airain,
Aux yeux de tout le genre humain,
Me défier pour des virgules.

LE DOGUE SINGULIER.

FABLE.

DEBOUT, auprès d'un Temple antique,
Un Dogue, qui jamais n'avoit sçu la musique,
De ses longs hurlemens fatiguoit les échos,
  Député par sa République
  Un Danois lui parle en ces mots,
  En s'avançant sous le portique :
  « Salut, ami, que fais-tu là ?
  » Quel est ce Temple que voilà ?
Ce Temple, répond-il, est celui de Mémoire :
  J'ai le passe-tems assez doux
  D'en écarter les Amans de la gloire,
Et le sublime emploi d'aboyer contre eux tous.
Les rochers d'alentour sans cesse retentissent
  De mes cris sourds & redoublés.
Entends-tu les échos ! Comme ils en sont troublés !
  Les Immortels même en frémissent.
Malheur à l'insensé, malheur à l'imprudent
Qui tôt ou tard s'expose à tomber sous ma dent !
Il ne retourne point chez lui sans écorchure.
Pour me rendre aux mortels encore plus fatal,
  Apprends que je broche un Journal,
Où nul n'est à l'abri de ma noire morsure.

Où de tout je fais bien ou mal
La plus redoutable censure.
» De quelle race es-tu ? Qui te donna le jour ?
Lui dit alors son camarade.
» Des Danois la superbe Cour
» M'a fait Conseiller d'ambassade,
» Et de sa part ici je me viens informer
» S'il faut te haïr ou t'aimer,
» Avec toi vivre en paix, ou te faire la guerre » ?
Haïssez-moi, répond l'animal irrité ;
Il n'est point avec moi de trève, de traité :
Haïssez-moi : d'effroi je veux remplir la terre,
Et guerroyer incessamment :
Puis-je avec ton Sénat me conduire autrement ?
En deux mots voici mon histoire.
Dans ces lieux que du Styx entoure l'onde noire,
De Mégère autrefois Cerbère fut l'amant ;
Tous deux avoient de quoi se plaire
Et je naquis de leurs ébats :
Sur les plus nobles chiens je dois avoir le pas,
Je suis un Dogue littéraire.

ALCIDAMAS.

La pauvreté des vertus est la mère,
A dit un Sage : au vrai Sage en effet,
La pauvreté loin de paroître amère,
Pour lui du Ciel est le plus doux bienfait.
Alcidamas, tout fier de sa détresse,
Va répétant, d'un air présomptueux,
Cet apophtegme, il se vante sans cesse
De mépriser, de haïr la richesse,
Mais il est pauvre, & n'est point vertueux.

ÉLÉGIE

Sur la mort de M. BORDES, de l'Académie de Lyon.

Il n'est donc plus ce sage aimable
Si modeste au sein des succès ;
L'ami des arts & de la paix
Est tombé sous les coups du sort inexorable.
    Vous, qui de fleurs & de cyprès
Couvrez peut-être encor son urne funéraire,
Vous, ses concitoyens, dites s'il fut jamais
    Un mortel plus digne de plaire
    Et plus digne de vos regrets.
    Déjà tremblantes sur leur trône
Les sciences voyoient chanceler leur couronne.

Rappellez-vous ce tems pour lui si glorieux
Où, deux fois enflammé d'un couroux légitime,
 Il vengea d'un affront sublime
  Ces augustes filles des Cieux :
  Ce tems où sa muse plus fière,
  Amante de l'humanité,
Au tribunal vengeur de la postérité
Dénonça des héros la valeur meurtrière :
  Comme eux il s'ouvrit les sentiers
  D'une immortalité brillante ;
  Mais peu semblable à leurs lauriers,
  Sa palme ne fut point sanglante :
  Et du tems bravant les efforts
  Elle fleurira sur vos bords
  Sans vous inspirer d'épouvante.
  Quand pour le luth d'Anacréon
  De Pindare il quittoit la lyre,
  Comme il faisoit à la raison
  Approuver, même son délire,
En le lisant alors ne croyoit-on pas lire
  Chaulieu, Saint-Aulaire, Hamilton ?
Oh ! qui me le rendra cet ami véritable
  Que les Muses m'avoient donné !
  Sur le Permesse redoutable,
  Où je fus si jeune entraîné,
Mon fragile vaisseau d'écueils environné
  Sans ce pilote respectable
Pourra-t-il maintenant aux vents abandonné,
  Braver leur choc épouvantable ?
Il n'est plus, c'en est fait, je le regrette en vain,
Et l'on ne fléchit point l'inflexible destin.
  En quel lieu repose sa cendre ?

Hélas ! faites-le moi favoir,
O vous, qui venez de lui rendre
Et le dernier honneur, & le dernier devoir.
Dans quel réduit paifible & fombre
A-t-on dreffé fon monument ?
Où penfez-vous qu'en ce moment,
Où penfez-vous qu'erre fon ombre ?
Semblable aux voyageurs pieux
Qui vont d'un cœur religieux
Saluer le tombeau d'Horace & de Virgile,
Auffi-tôt que dans vos climats
Les deftins conduiront mes pas
J'irai vifiter cet afyle;
Et fi depuis long-tems retenu dans Paris
Mes mains n'ont pu fermer fa débile paupière,
Elles pourront du moins fur cette froide pierre
Qui couvre fes triftes débris,
Elles pourront du moins, foigneufes de la gloire
Du plus vertueux des amis
Graver cet hymne à fa mémoire.

SUR L'USAGE DE LA VIE.

La vie est courte, & son peu de durée
    Nous dit qu'il faut la ménager :
Et l'homme toutefois sûr qu'elle est mesurée,
    Ne travaille qu'à l'abréger.
Est-il enfant ?.... à peine il commence de vivre
Aux souffrances alors, aux douleurs tout le livre :
Adolescent ? Des jeux des plaisirs, des Amours
    L'essaim tumultueux l'égare,
    Dans l'âge mûr il se prépare
    A ne rien faire en ses vieux jours.

VERS

A M. ROUCHER, sur son dernier succès.

Ainsi donc, par tes soins heureux,
Le pauvre voit, dans sa détresse
Plus d'un bienfaiteur généreux,
Chercher avec délicatesse
A soulager ses maux affreux.
Pour un cœur honnête & sensible
Est-il un succès plus brillant?
J'ai vu des palmes du talent
S'orner ta jeunesse paisible,
A notre estime il a des droits,
Le verd laurier qui te décore;
Le Ciel te gardoit toutefois
Un triomphe plus doux encore.
Pour un père tout éploré,
Tu n'as point en vain imploré
La pitié d'un monde équitable;
Voilà la gloire véritable,
Tu ne mourras point ignoré.
Qu'une couronne académique
Embellisse le front vainqueur
D'un jeune athlète poétique,
Pour moi, la couronne civique
Plairoit cent fois plus à mon cœur.
Peut-il se donner quelque lustre,
Le mortel d'honneurs revêtu?

Oui, mais s'il manque de vertu,
Que je le plains ! Il n'eſt qu'illuſtre.
Le bon (1) Veillard, graces à toi,
Verra rétablir ſa chaumière :
Déjà ſe diſſipe l'effroi
Qui troubloit ſa famille entière :
Ah ! ſi l'envie à l'avenir
Te peut montrer quelqu'indulgence,
Puiſſe-t-elle ſe ſouvenir
Qu'au moins prompt à la prévenir,
Tu fus utile à l'indigence.

---

(1) La foudre étoit tombée ſur la maiſon de cet honnête payſan ; & M. Roucher, dans une Lettre à MM. les Auteurs du Journal de Paris, avoit intéreſſé pour lui toutes les ames ſenſibles.

VERS

A M. le Comte DE BUFFON, pour le remercier du préfent qu'il m'a fait d'une gravure dédiée aux Mânes de J. J. ROUSSEAU.

DE tes mains, ô Buffon, quand je reçus l'image
    Qu'elles fe plurent à m'offrir,
Je fentis dans mon cœur l'impatient defir
    De te rendre un nouvel hommage :
    Mais ce defir ambitieux
Puis-je le fatisfaire ? Au fommet du Parnaffe,
    Si je cours implorer mes Dieux,
    Je t'y vois le front dans les Cieux.
Ton vénérable afpect impofe à mon audace
    Un filence religieux.
    Ma Mufe, fans baiffer les yeux,
    Ne peut te contempler en face :
    Ma Mufe, jufqu'à ce moment
    Foible, hélas ! autant que timide,
    Refta cachée aux bois de Gnide,
    Où la retient un Dieu charmant :
    En vain elle te voudroit rendre
    Le tribut que tu dois attendre,
    Le pur tribut du fentiment.
O vous donc qui marchez fur les traces d'Appelle,
    Accourez, ma voix vous appelle :
Accourez, armez-vous de vos pinceaux brillans,
    J'ai chanté Buffon fur ma lyre.
    Ce n'eft point affez, je le fens,

Pour mieux le célébrer uniſſons nos talens:
Et, s'il ſe peut enfin, partagez mon délire,
  Et ſuppléez à mes accens.
Vos crayons ennemis de l'humaine impoſture,
Me retracent ici, dans l'effroi (1), dans le deuil,
La ſainte vérité, la vertu, la nature,
Prêtes à ſuccomber ſous l'effort de l'orgueil.
  Il doit plaire au Sage, au Poëte,
  Ce philoſophique tableau;
  Mais votre ſublime palette
  Nous en peut créer un plus beau.
  Offrez-nous Montbart ſur vos toiles,
C'eſt-là qu'avec tranſport Buffon vole au printems:
  C'eſt-là que ſes travaux conſtans,
De l'auguſte nature ont ſoulevé les voiles,
  Et percé l'abîme du tems.
  C'eſt-là qu'un jour l'Auteur d'Emile,
Venu pour admirer le prodige du lieu,
  Sur le ſeuil de ce docte aſyle,
S'arrêta proſterné comme au temple d'un Dieu.
Buffon étoit abſent. Des Zeuxis d'Auſonie,
Zeuxis Pariſiens, ſi vous êtes jaloux,
  Ce ſujet eſt digne de vous.
Que dis-je ! Il vous promet une gloire infinie;
  Peignez le Génie à genoux
  Devant l'attelier du Génie.

---

(1) Alluſion à la Gravure qui m'a été donnée.

RÉPONSE

DE Madame DE LA FAYETTE, à l'Epître que l'Auteur de l'Aveugle par amour lui a adressée à la tête de ce Roman.

Des Champs-Elisées, le premier des Calendes de Juin 1781.

LE séjour le plus gracieux
N'est pas toujours le plus aimable ;
Souvent trop de bonheur accable :
L'ennui même habite les Cieux.
Cette maladie incurable,
Et des Monarques & des Dieux,
Pénétroit jusques dans ces lieux,
Et de son sommeil redoutable,
Commençoit à frapper nos yeux.
Un aveugle, non pas le vôtre,
Mais ce fripon, ce bon apôtre,
Si connu par ses jolis tours,
En un mot, l'aîné des Amours,
L'Enfant qu'à Cythère on adore,
Arrive en ce séjour charmant,
Et tel que le Dieu d'Epidaure :
De cet ennui qui nous dévore,
Nous promet le soulagement ;
Il me prie, avec un sourire,
De lui détacher son bandeau :
Je le détache, & sans mot dire,

Il nous lit un Roman nouveau;
Celui que vous venez d'écrire
A la lueur de son flambeau,
Et que déjà Paris admire.
Toutes les ombres à l'instant
Que ce Dieu rendit malheureuses,
Toutes ces ombres si fameuses
Par leur amour tendre & constant,
Toutes en cercle se rangèrent,
Et pêle-mêle se pressèrent,
Autour du Souverain des cœurs.
Bientôt sur le sort d'Eugénie (1),
Elles répandirent des pleurs,
Et de vos crayons enchanteurs
Louèrent sur-tout la magie.
Sapho disoit, en soupirant,
On ne sauroit peindre mieux qu'elle
Les prestiges de cet enfant
Qui subjugue la plus rebelle;
Son art du mien est triomphant.
D'Abeilard l'amante emportée,
Crut revivre dans vos tableaux,
Et vous suspendîtes les maux,
Que souffroit son ame agitée.
Un plus vieil aveugle à son tour,
Homère vous rendit les armes,
Et de ses yeux privés du jour,
Tombèrent même quelques larmes.
Les Desmarets, les Scuderis,
Renonçant à leur vaine gloire,

---

(1) Principal personnage de l'Aveugle par amour.

Restèrent

Restèrent confus & surpris,
Et vous cédèrent la victoire,
Quoiqu'ils aiment fort leurs écrits.
Que dis-je ! Ils brisèrent leurs plumes,
Et dans le milieu du Léthé,
Soudain l'un & l'autre irrité,
Jetta ses énormes volumes :
Adieu leur immortalité.
D'abord leurs feuilles vagabondes,
Du fleuve suivirent le cours :
Mais bientôt au fond de ses ondes
Il les engloutit pour toujours.

Pour moi, sûre que des Amours
La troupe vous sera fidèle,
Je ne pense pas que *Nemours* (1)
L'emporte jamais sur *Dolmelle* (2);
Entre vos mains il est resté
Mon Talisman incomparable :
Vous seule, enchanteresse aimable,
Vous seule en avez hérité.

Mais revenons; le Dieu lui-même,
Le petit lecteur emplumé
De ce joli Roman que j'aime,
Ainsi que nous, parut charmé.
Lorsqu'il eut fini sa lecture,
Ce Dieu, maître de la nature;

---

(1) Personnage de la Princesse de Clèves, Roman de Madame de la Fayette.

(2) Personnage de l'Aveugle par amour.

S'écria : ce Roman nouveau
M'a plus touché que tous les vôtres;
Ah ! remettez-moi mon bandeau,
Je ne veux plus en lire d'autres.

PORTRAIT.

Air : *Comme v'la qu'eſt fait.*

LA Divinité que je chante,
A peu beſoin de mon encens :
Tout plaît en elle, tout enchante,
Le cœur, & l'eſprit, & les ſens :
Dès qu'on la voit, je vous aſſure
Qu'on met les Graces en oubli :
Son teint, ſa taille, ſa figure,
N'ont rien qui ne ſoit accompli.
  Comme c'eſt joli !
  Comme c'eſt joli !

A MM. DE L'ACADÉMIE DE LYON,

Pour les féliciter d'avoir reçu parmi eux Madame la Comtesse de B*** (1).

DISCIPLES renommés des Nymphes d'Aonie,
Vous l'abolissez donc cet usage cruel,
Qui ferme à la beauté les temples du Génie;
  Vous y méritez un autel.
Vous êtes à la fois justes, galans & sages,
Oui, vous l'êtes : pourquoi ce sexe aimable & doux,
Hors de votre Lycée objet de vos hommages,
N'auroit-il point le droit d'y siéger avec vous?
  Aristippe apprit de sa mère
L'art de penser, d'écrire, & sur-tout l'art de plaire;
  Et dans les bosquets d'Apollon,
Quel Poëte jamais, de roses printannières
  Fit une plus riche moisson,
   Que la sensible Deshoulières?
Quelle autre qu'Aspasie, au maître de Platon
  Donna des leçons de sagesse?
Et l'antique Sapho, prodige du Permesse,
Par des Vers qu'on admire & qu'on relit sans cesse,
N'a-t-elle point conquis un immortel renom?
  Sapho, Deshoulière, Aspasie,
  Amantes de la Poésie,
Vous toutes, dont les noms sont au Pinde tracés

---

(1) Madame la Comtesse de B*** a été reçue à l'Académie de Lyon, le 12 Janvier de l'année 1782.

Dans les archives du Génie,
Disparoissez, disparoissez
Devant l'Auteur de Stéphanie;
Vos talens divisés, & vos charmes épars
Se trouvent rassemblés en elle :
Vertueuse, sensible & belle,
Elle enchante le cœur, ainsi que les regards.
La Muse du Roman qui fut celle d'Homère,
Qui, des Grecs nos premiers aïeux,
Créa la pieuse chimère,
La Muse enfin du merveilleux,
De tous ses présens l'a dotée;
Plus sûrement que Prométhée,
Elle a ravi le feu des Cieux.
Dans ses écrits ingénieux
Brille cette flamme céleste,
Et dussé-je alarmer son cœur simple & modeste,
Elle brille plus dans ses yeux.
O vous, qui l'avez adoptée,
Doctes rivaux des anciens,
Dites-moi, dites-moi, quelle plume vantée
Nous a transmis des Vers plus heureux que les siens ?
Sur le tombeau de Louise (1)
Vous verfez encor des pleurs :
De ses talens enchanteurs
Votre ame est toujours éprise ;
Cessez de la regretter :
L'Auteur de Stéphanie, au sommet du Parnasse,

---

(1) Louise Labé, femme de Lyon, justement célèbre par ses Ouvrages & sa beauté.

Jalouse d'avoir sa place,
A grands pas vient d'y monter.
Ce n'est pas toutefois qu'un sévère Aristarque,
Gravement armé du compas,
Dans ses Ouvrages ne remarque
Quelques légers défauts : hélas !
Qui n'a pas les siens ici-bas ?
Mais vous êtes du goût les arbitres fidèles,
Et nul ne l'atteindra jamais,
Si dans ses Ecrits désormais,
Elle choisit toujours les vôtres pour modèles.

SUR UN DÉPART.

ELLE part, je ne puis l'arrêter, ni la suivre :
Que de tourmens je vais souffrir !
Sa fuite m'empêche de vivre,
Et son prochain retour me défend de mourir.

LATERANUS (1) A NÉRON.

Lache Tyran ! tu veux donc le favoir,
De quel fecret je fuis dépofitaire :
Vœu fuperflu : tout cède à ton pouvoir,
Tu ne faurois m'empêcher de me taire.
C'eft vainement que tu crois m'ébranler
Par l'appareil de mille affreux fupplices :
N'efpère pas m'émouvoir, me troubler ;
De fon fecret mon cœur fait fes délices :
Tu le fauras quand je pourrai trembler.

LE PALAIS DE L'AMOUR.

Viens, ami, vois-tu ce Palais,
Dont le faîte eft non loin des nues ?
Vois-tu ces trois Vierges auprès,
Qui font modeftes, quoique nues ?

Ami, ce fuperbe féjour
Du plus grand des Dieux eft le temple ;
C'eft la demeure de l'Amour
Qu'en ce moment ton œil contemple.

---

(1) Ce Lateranus fut condamné à la mort par Néron, pour crime de confpiration, & fur-tout pour avoir tu conftamment les noms de fes complices. Le Bourreau, qui lui trancha la tête, ne l'ayant frappé que légérement, il la releva fans s'émouvoir, & lui tendit le col de nouveau. Epictète admiroit beaucoup ce trait de fermeté & de courage.

Il n'est point ici de Mortel
Qui ne révère ses images :
Viens, qu'il reçoive à son Autel,
Et notre encens, & nos hommages.

Là, de son pouvoir triomphant,
Brillent par-tout d'illustres marques,
Là, tu verras un jeune enfant
Commander aux plus vieux Monarques.

» En ces lieux on subit des loix !
Jamais n'y doit entrer le Sage.
» Ami, le Sage quelquefois
En fait un gîte de passage.

CONSEILS A MADAME DE***.

Pourquoi souffrir à vos genoux,
 Ce barbon qui soupire ?
Par hazard écouteriez-vous
 Son langoureux martyre ?
Vous n'avez pas encor vingt ans,
 Et certes je m'étonne,
Que la Déesse du Printems
 Se plaise avec l'Automne.

La vieillesse a d'heureux secrets
 Nés de l'expérience ;
Mais la jeunesse a des attraits
 Meilleurs que la science ;

Pareils aux Héros, les Amans,
    Pour faire des conquêtes,
N'attendent jamais que les ans
    Viennent blanchir leurs têtes.

Aux vieillards on doit du respect,
    Et des égards sincères ;
Que l'on s'incline à leur aspect,
    La plupart sont nos pères :
Ils sont faits pour être des loix
    Les organes fidèles :
Qu'ils servent de Mentors aux Rois,
    Et nous laissent les belles.

PORTRAIT DE ZELMIRE.

Air : *Il est encore des Belles.*

JE chante une Mortelle
    Dont Zelmire est le nom,
Et qui n'est pas moins belle
    Que Vénus ou Junon ;
Son regard ou son sourire
Suffisent pour tout charmer :
Voulez-vous bientôt aimer ?
    Voyez Zelmire.

Elle a toutes les graces,
    Et toutes les vertus :
Enchaîné sur ses traces,
    L'Amour ne change plus :

Dès qu'on la voit, on l'admire,
Nul ne peut lui réfifter :
Voulez-vous ne point flatter ?
    Louez Zelmire.

  Mais fon cœur eft-il tendre
  Et fenfible à fon tour ?
  Eft-il prêt à fe rendre
  Après un long amour ?
Helas ! en vain on defire,
En vain on croit l'attendrir :
Voulez-vous toujours fouffrir ?
    Aimez Zelmire.

LA JALOUSIE RÉCIPROQUE.

Nous fommes hélas ! tous les deux,
  Atteints de jaloufie,
Et nous fouffrons des maux affreux
  Par cette phrénéfie :
Mais au moins plus d'une raifon
  A fait naître la mienne ;
Il n'eft point d'injufte foupçon,
  Que ne forme la tienne.

Si tu me vois de tems en tems
  Avec une autre Belle,
Tu crois que des vœux inconftans
  M'ont attiré près d'elle ;

Si je soupire, c'est d'amour
    Pour ta rivale altière,
Et soudain tu maudis le jour
    Où tu vis la lumière.

Devrois-tu douter que mon cœur
    N'éprouve un feu sincère ?
En t'aimant je paie au vainqueur
    Un tribut nécessaire :
Mais est-il rien qui de ta foi
    M'assure ou me réponde ?
Je ne suis aimé que de toi,
    Tu l'es de tout le monde.

VERS

A l'Auteur d'un Distique calomnieux.

AUTEUR qui fites ces deux Vers,
    Ou d'avoir deux petits travers,
Vous osez lâchement accuser une Belle,
    Si tout haut le fat applaudit
    A votre injurieux libelle,
    Tout bas le Sage vous maudit ;
Quel fruit vous revient-il d'une action si noire ?
    Vous croyez avoir mérité
Une place peut-être au Temple de Mémoire,
    Et le vrai juge de la gloire
Punit par ses mépris votre témérité.
    En deux mots, voici votre histoire :

Jadis les Titans odieux,
Joignant la fureur aux basphêmes,
Voulurent détrôner les Dieux,
La pierre qu'ils lançoient retomboit sur eux-mêmes.

ÉPITRE A MOLIERE.

Molière, de nos mœurs censeur inimitable,
Et de tous nos travers seul peintre véritable
Toi, dont les défauts même ont un air séduisant,
De l'art que tu créas en le reproduisant,
Depuis que tu n'es plus, sais-tu quelle est l'histoire ?
Tes Manes étonnés auront peine à le croire :
La Comédie, hélas ! a brisé ses pinceaux,
Et laisse en paix régner les méchans & les sots.
Malheur à l'insensé dont la plume novice
S'armeroit maintenant pour détrôner le vice !
Le vice impunément domine dans Paris ;
On ne s'y moque plus de Messieurs les Maris.
Chacun d'eux y peut être infidele ou commode ;
Et tout, jusqu'aux vertus, y dépend de la mode.

Les Français d'autrefois n'ont pas été meilleurs,
J'en conviens avec toi : mais tes crayons railleurs,
S'ils ne les changeoient pas, du moins aux ris des Sages
Exposoient leurs travers, & même leurs visages.
Et tel, qui revenoit d'entendre Trissotin,
Croyoit dans chaque Abbé retrouver un Cotin.

Tout est changé. Regnard, dont tu vis la jeunesse,
Regnard s'acheminant aux rives du Permesse,

Y rencontra Thalie ; & d'un air assez doux,
A cette aimable Veuve il s'offrit pour époux.
Il lui plut : avec elle il partagea ton trône ;
Et ramassa les fleurs, qu'en tressant ta couronne,
La joyeuse Déesse avoit laissé tomber.
Rarement sur la scène on l'a vu succomber.
Son style est vif, léger, son intrigue frivole.
Chez lui l'action court, le dialogue vole.
Brillant dans ses récits, saillant dans ses portraits,
De la fine Epigramme il épuise les traits.
Mais est-il sans défauts aux yeux de la critique ?
A-t-il, ainsi que toi, le but philosophique ?
Sait-il avec adresse, avec dextérité,
Raillant l'affreux Tartuffe, & l'Avare hébêté,
Sous leurs pas en riant montrer le précipice ?
Non. Loin d'en écarter, dans les sentiers du vice,
Lui-même de sa main semble nous diriger ;
Il ne cherche qu'à plaire, & point à corriger.
Des plus mauvaises mœurs son Théâtre est l'école.

JE suis loin de vouloir que, moderne Nicole,
Un Poëte comique, avec austérité,
Ainsi que la vertu peigne la vérité ;
Il manqueroit son but. Qu'il invoque ta Muse :
Sans jamais rien outrer, en tout tems elle amuse.

REGNARD eut un rival qui ne fut pas le tien.
Du trône de Thalie ingénieux soutien,
Dufresni remplaça tes admirables scènes
Par de légers portraits des sottises humaines.
Décousu dans ses plans, mais serré dans ses vers,
Il peignit décemment les indécens travers

De ces vives Beautés, pétulantes coquettes,
Qui vont quêtant par-tout d'amoureuses fleurettes.
Souvent comme l'Abeille, enfant aîlé du Ciel,
La Muse de Regnard (1) a dérobé son miel
Sur les diverses fleurs que, rivale de Flore,
Du Molière Romain la Muse a fait éclore.
Dufresni plus fécond, dans les travaux d'autrui,
A toujours dédaigné de chercher un appui.
Dufresni créa seul ses plans, ses caractères.
Seul il a fécondé ses veilles solitaires.
Regnard imite Plaute; il n'a rien imité :
L'Atticisme riant, l'aimable urbanité,
Presque en tous ses écrits marchent de compagnie;
Et son esprit par fois ressemble à ton génie.

Il meurt. Abandonnée au plus tendre regret,
Sur son troisième époux Thalie encor pleuroit;
Destouches la console. On lui doit des éloges :
Il a souvent charmé le Parterre & les Loges,
Par les nobles atours de ses Drames touchans.
Ami de la décence & fléau des méchans,
Souvent avec succès de l'ami (2) de Lélie
Il a ressuscité la Muse ensévelie.
Il est pur comme lui, comme lui languissant.
Pour s'élever à toi son génie impuissant
Fait pourtant des efforts dignes qu'on s'en étonne.
Il redescend bientôt, redevient monotone,
Et sa gaieté sans cesse est voisine des pleurs;
S'il nous attristoit moins, il nous rendroit meilleurs.

---

(1) Allusion aux Menechmes de Regnard, imités des Menechmes de Plaute.

(2) On sait que Térence fut l'ami du fameux Lélius.

Je ne te parle point de ces Drames funèbres
Qu'enfanta le faux goût au sein de ses ténèbres ;
Qui du charbon de Londre exhalent la vapeur,
Et dont tout le mérite est de nous faire peur.
De ces noirs avortons le nombre ici fourmille,
Et loin qu'avec tes fils certain air de famille
Sur leur sombre laideur nous fascine les yeux,
L'ennui toujours est peint sur leur masque odieux.
Leur embonpoint n'est rien que de la bouffissure,
Et tous ont de leur chûte encor la meurtrissure.

De Fagan, de le Grand, je ne te parle pas.
J'ai désigné les Chefs, qu'importent les Soldats ?
Il en est, toutefois, qu'au Pinde l'on renomme :
Gresset fit le Méchant quoiqu'il fût honnête-homme.
Et combien à son tour le Sage te plairoit
Lorsqu'il ôte le masque à Monsieur Turcaret,
Et montre à nud ce cœur plein de lâches pensées !
Boissi, peintre élégant de nos modes passées,
Te mettroit au courant de ces frivolités.
Boursaut nous charme encor par ses moralités
Dans les récits qu'il prête au Sage de Phrygie.
Le subtil Marivaux à ta mâle énergie,
Substitua des traits qu'on admire aujourd'hui ;
Tu fais rire toujours, on sourit avec lui.
De l'adroit Pathelin la farce rajeunie,
Rappelle des beautés dignes de ton génie ;
Et Dancourt hérita de ta vivacité.
Piron seul a ta verve, ainsi que ta gaieté.
Que j'aime l'Empirée ! & que dans ce modele
Je trouve de moi-même une image fidelle !
Que j'aime à voir tracés dans ce tableau charmant,
Où le Poëte est peint si poétiquement,

Mes desirs inquiets pour la vaine fumée,
Qu'il nous plaît d'appeller du nom de renommée ;
Les risibles effets de mes distractions ;
Et mon enthousiasme, & mes convulsions !
Que le portrait ressemble ! O Molière ! ô mon Maître !
Sous le nom de Damis, quand je me vois paroître,
(Cache bien un secret que je ne dis qu'à toi,)
J'ai le plus grand plaisir à me moquer de moi.
Ce Damis, comme Alceste, obtient tous mes suffrages.

 Un peu moins immortel que ses jolis Ouvrages,
Dorat, toujours présent à mon cœur éperdu,
Aux mêmes lieux que toi sans doute est descendu.
Que du Célibataire il te fasse lecture :
De nos goûts passagers cette noble peinture
Pourra...... qu'allois-je dire ? Est-ce être circonspect ?
En louant son ami, l'ami paroît suspect.
Taisons-nous. Seulement, pour changer de chapitre,
Permets qu'en ton honneur j'acheve cette Epître.

 Il n'est point de grand homme, il n'est point de héros,
Qui seul dans sa carrière ait brillé sans rivaux,
Et qui du plus haut rang ne puisse un jour descendre.
Le Macédonien qui mit l'Asie en cendre,
Avoit accumulé cent triomphes divers ;
Mais Porus l'attendoit au bout de l'Univers ;
Non moins vaillant que lui, Porus sut le combattre.
César, que des Gaulois l'effort ne put abattre,
Ce Romain si fameux qui vainquit les Romains,
Seroit, sans Annibal, le premier des humains.
Le Chantre de Mantoue a la douleur amère
De partager sa palme avec le vieil Homère,

Et Michel Ange atteint à celle de Zeuxis.
Auprès d'Anacréon Tibulle s'eſt aſſis.
Rome, qui ſi long-temps fut l'émule d'Athènes,
A vu dans Cicéron renaître Démoſthènes.
La Grèce eut des Myrons; la France des Couſtous.
Tous ces Mortels ſont grands, nous les admirons tous;
Ils marchent tous de front dans leur noble carrière.
Mais quel Mortel jamais fut l'égal de Molière?

FIN.

www.ingramcontent.com/pod-product-compliance
Lightning Source LLC
LaVergne TN
LVHW020953090426
835512LV00009B/1882